¿Qué mira Chenoa?

Lili Schojer
ilustrado por Akemi Gutiérrez

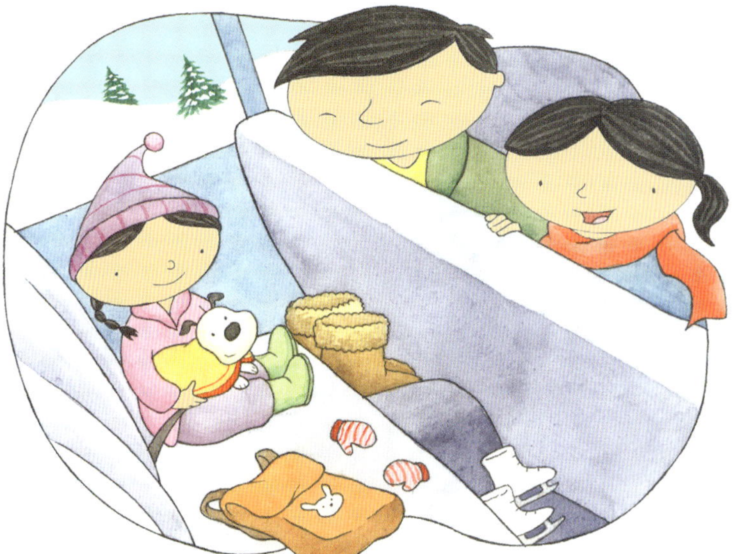

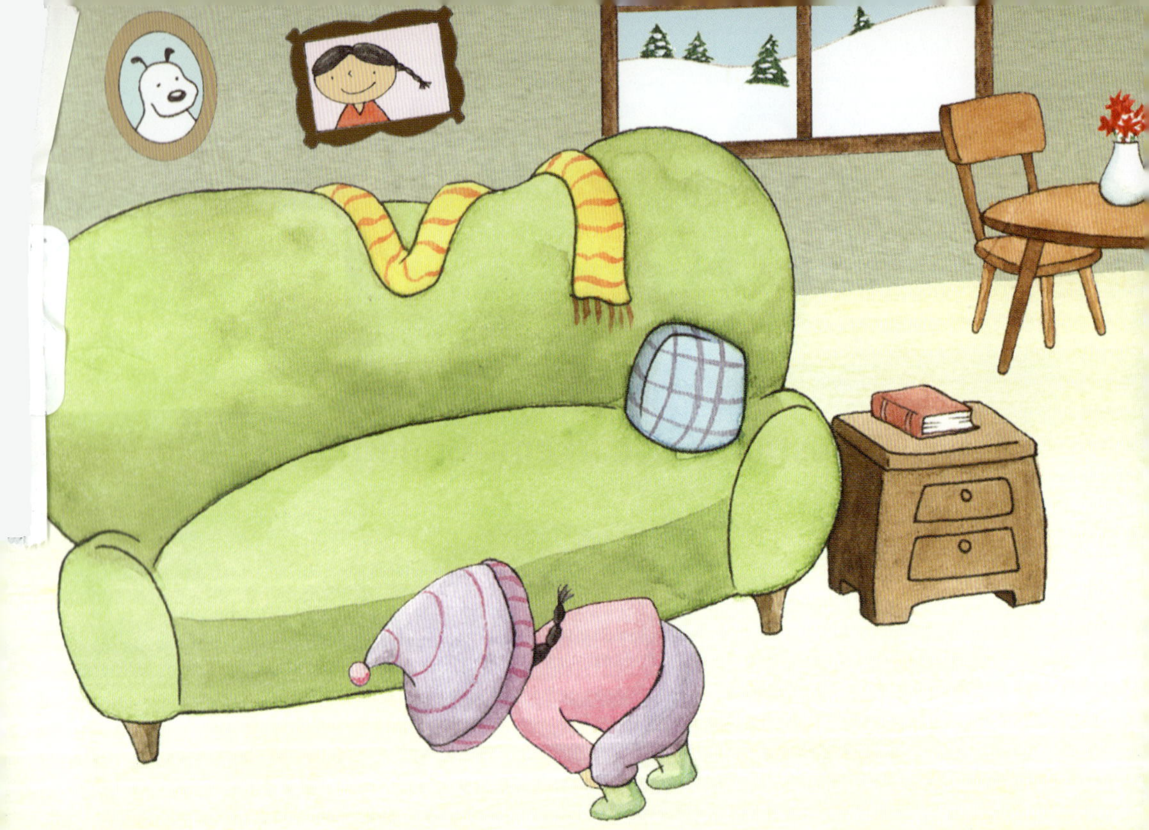

¿Y el 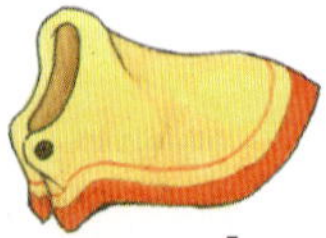 ?

poncho

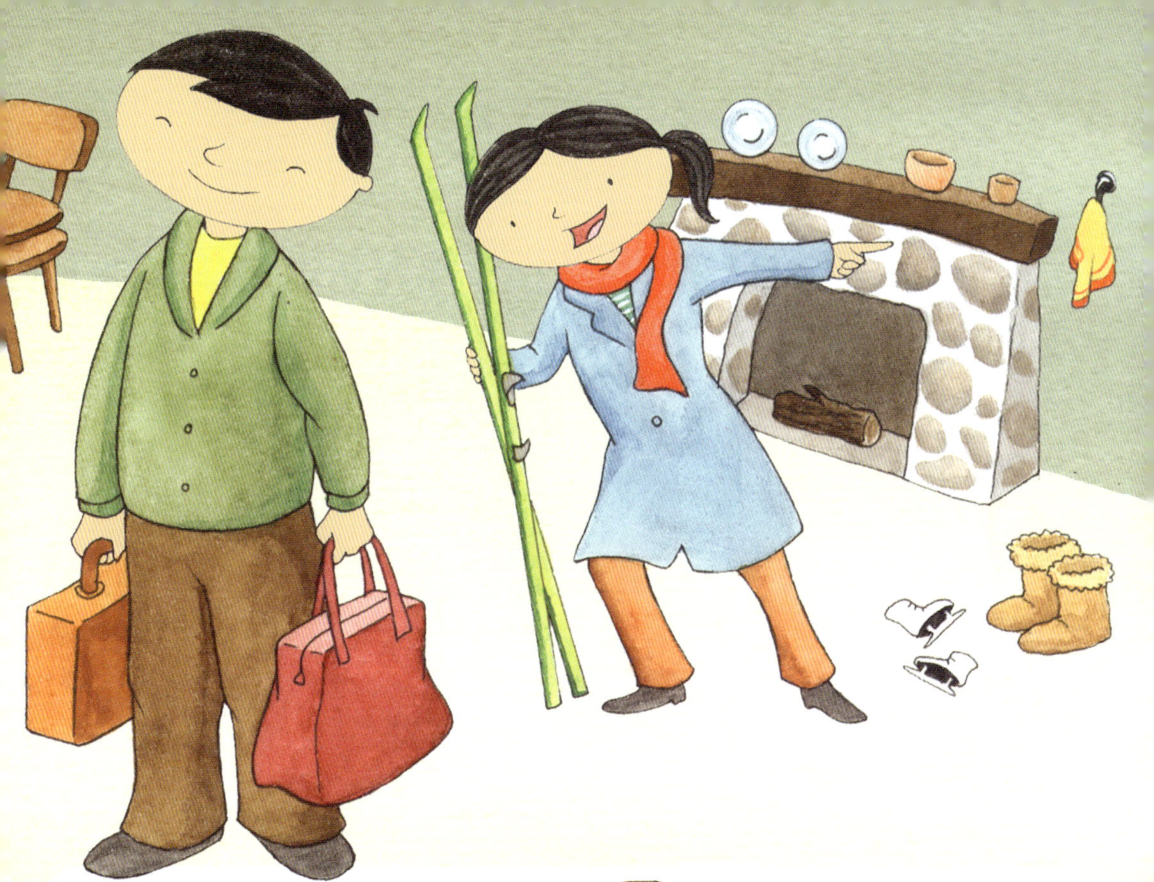

¡Mira en la 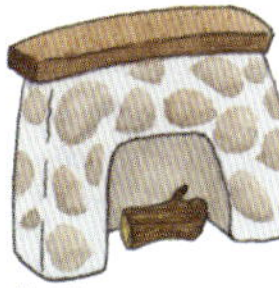 chimenea, Chenoa!

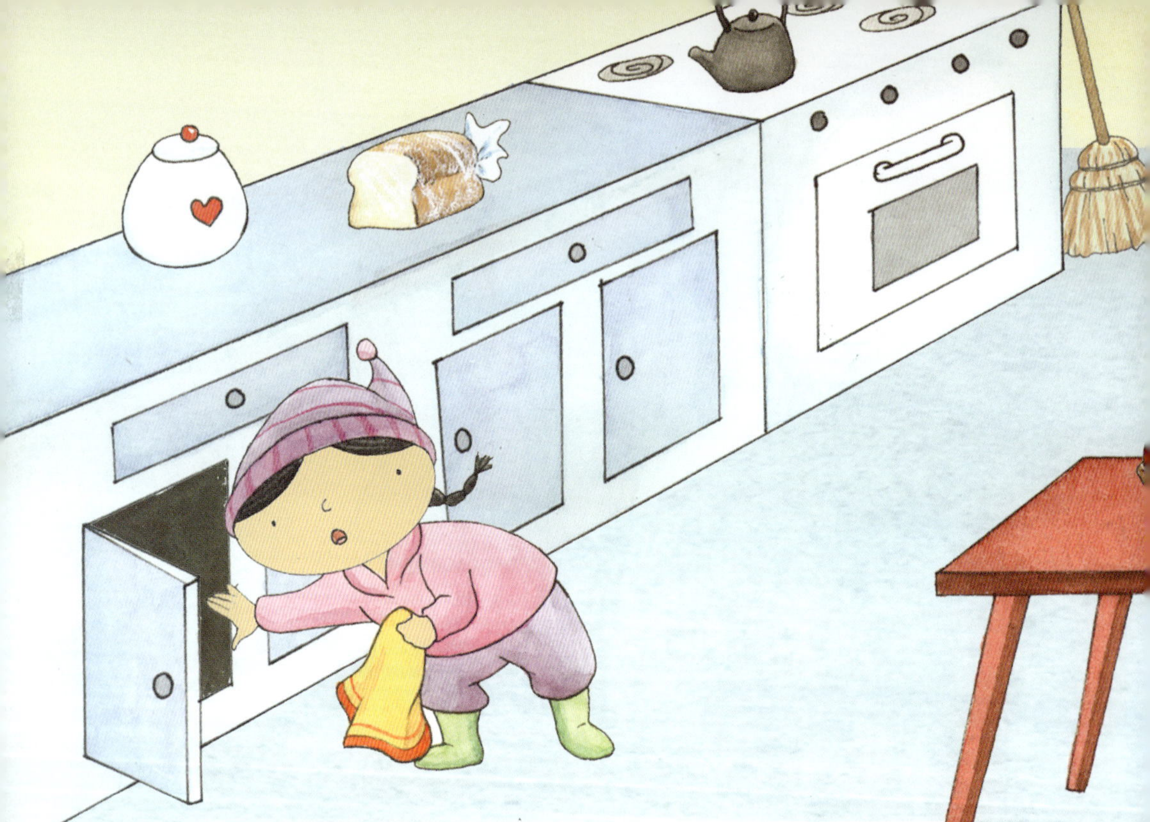

¿Y el 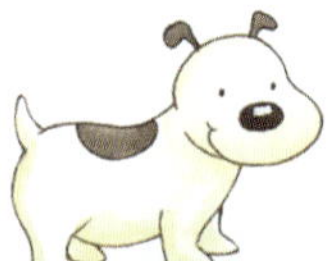 ?

cachorro

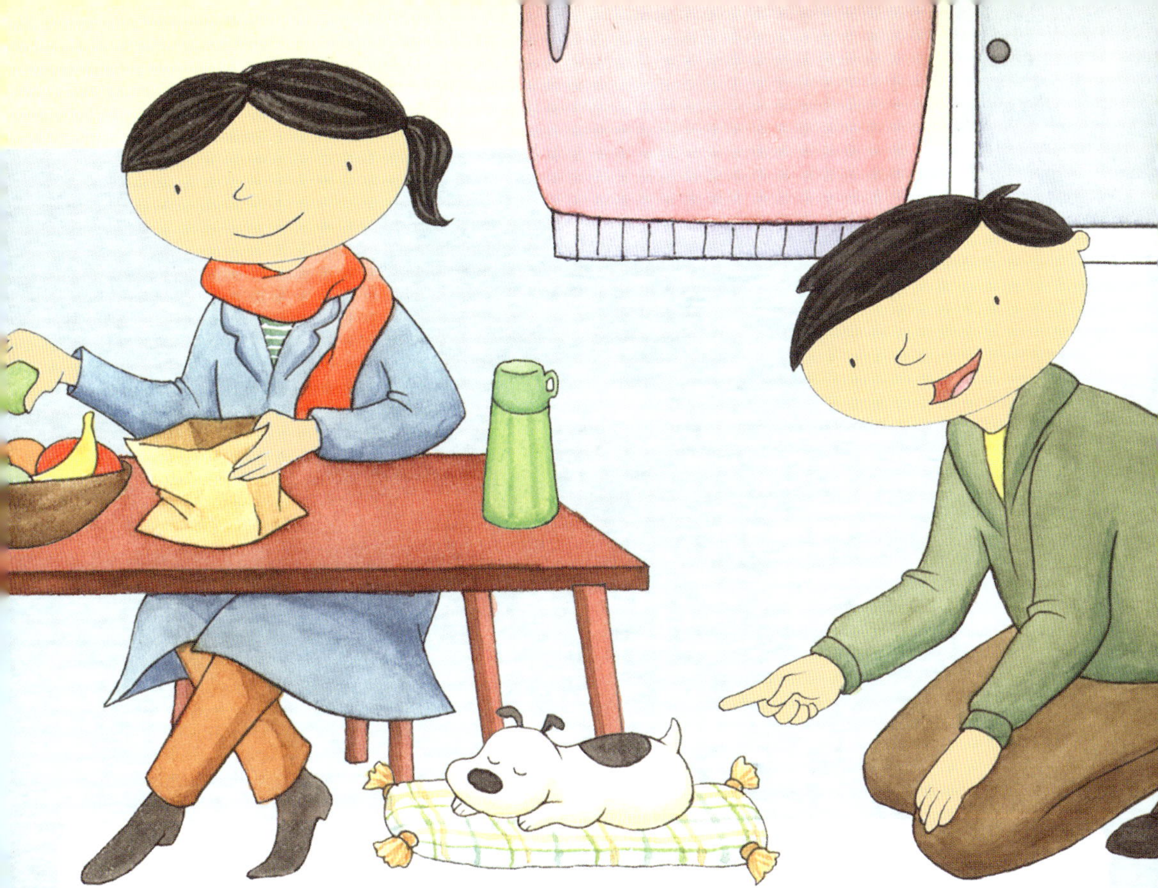

¡Mira en el 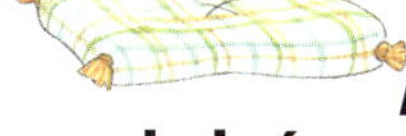 colchón, Chenoa!

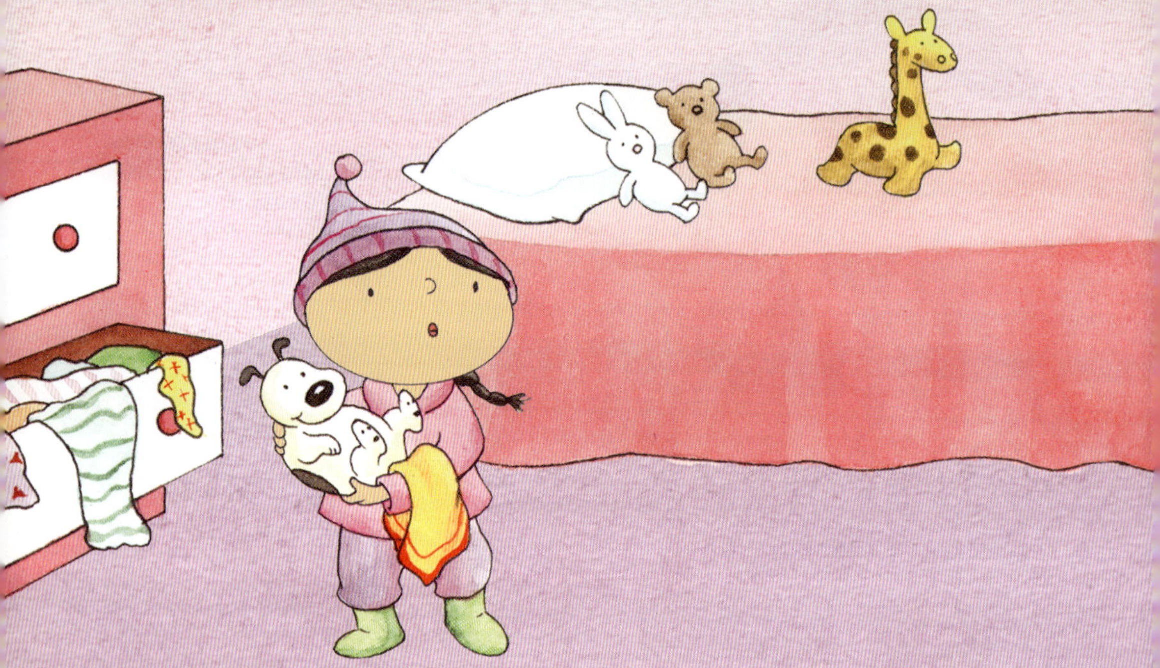

¿Y la 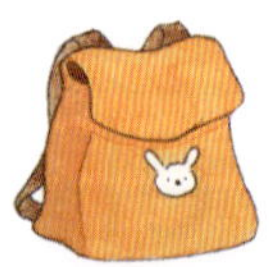 ?

mochila

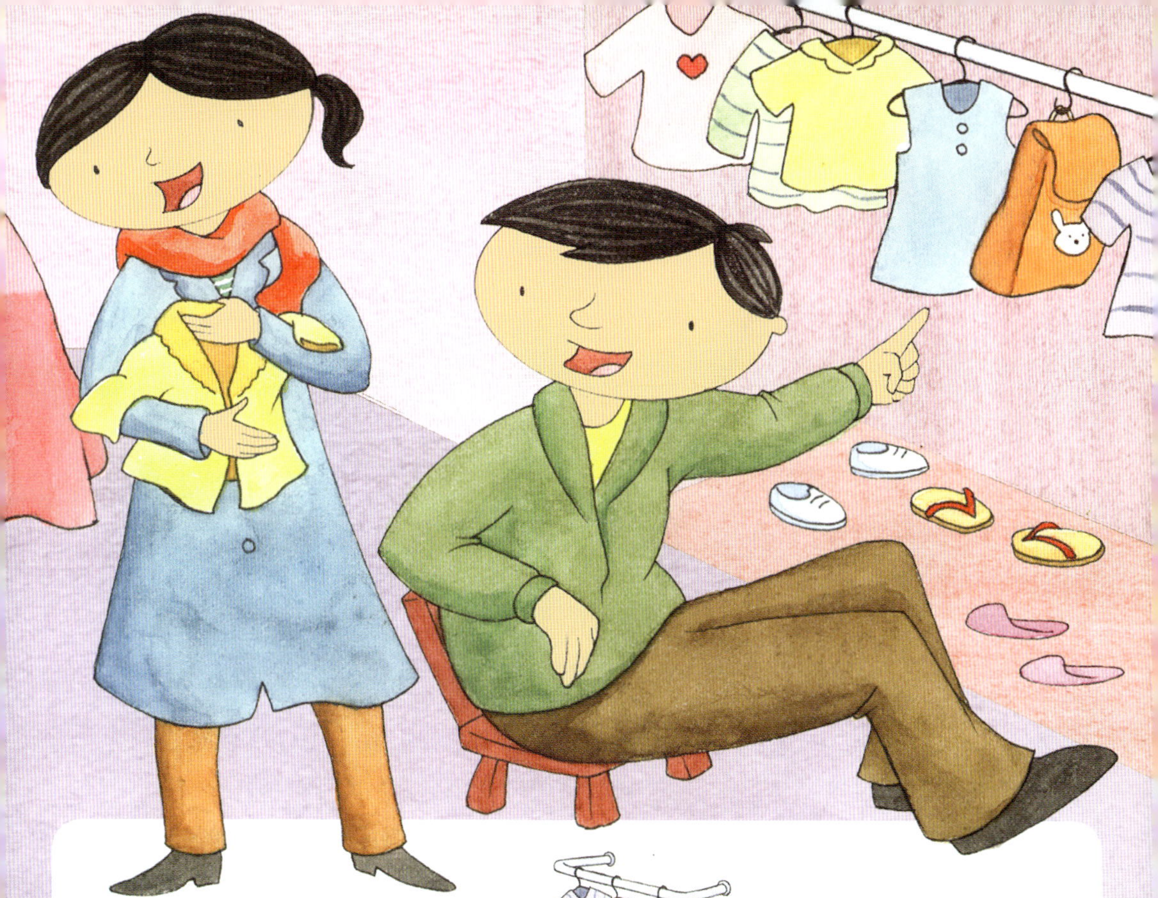

¡Mira en la 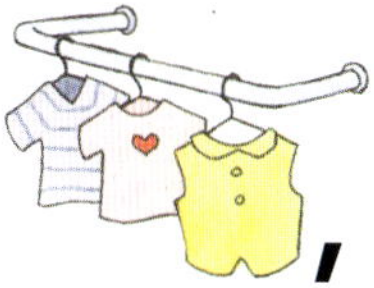, Chenoa!

percha

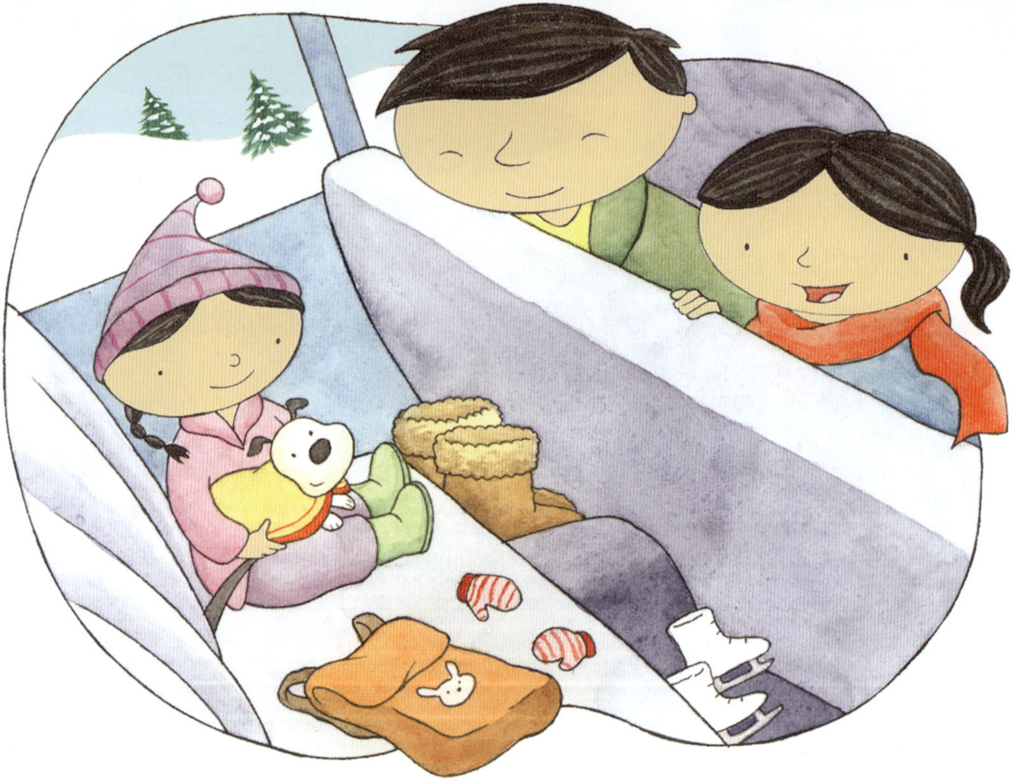

¡Ya está todo en el 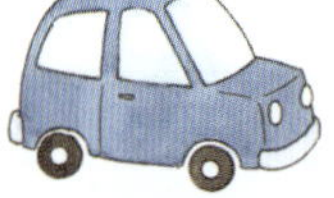 !

coche